Glückliche Katzen

HANS SILVESTER

KNESEBECK

Bibliografische Information Der Deutschen Bibliothek
Die Deutsche Bibliothek verzeichnet diese Publikation in der Deutschen Nationalbibliografie; detaillierte bibliografische Daten sind im Internet über http://dnb.ddb.de abrufbar.

Titel der Originalausgabe: *Les Chats du Soleil*
Erschienen bei Éditions de La Martinière, Paris 1993

Deutsche Neuausgabe

Ein Unternehmen der La Martinière Groupe

Satz: satz & repro Grieb, München
Druck: Toppan, Hongkong
Printed in China

ISBN 3-89660-262-4

www.knesebeck-verlag.de

GLÜCKLICHE KATZEN

Hans Silvester

SIE SIND EINFACH DA WIE DER WIND, DIE SONNE,
DAS MEER, DER TAG UND DIE NACHT

Als Erstes möchte ich von den Griechen sprechen, und zwar von den Bewohnern der Kykladeninseln, denn sie sind die eigentlichen Hauptfiguren dieses Buches. Sie sind nur selten auf meinen Fotos zu sehen, aber sie sind doch das Wichtigste, denn ohne sie gäbe es diese Katzen nicht. Das mediterrane Klima erlaubt ihnen, einen großen Teil ihrer Zeit im Freien zu verbringen. Das Leben findet auf der Straße statt, und die Katzen teilen diese für die südlichen Länder typische Lebensart. Die kleinen Wohnzimmer gleichen Museen, sie sind überladen mit Familienerinnerungen, religiösen Gegenständen, Schmucktellern und Vasen, Blumensträußen aus echten und falschen Blumen, einer Minibar und dem Fernseher. Den Katzen ist es verboten, die Türschwelle zu überschreiten, die Griechen wünschen keine Tiere im Haus, Ausnahme ist der Kanarienvogel.
Diese Katzen sind keine Wildkatzen, auch keine verwilderten Hauskatzen. Es sind ganz normale Katzen, die seit vielen Jahrhunderten mit den Menschen zusammenleben. Die Griechen der Kykladen lieben sie, ohne sie wirklich zu lieben; sie pflegen sie, ohne sie wirklich zu pflegen, aber sie tolerieren sie in jeder Beziehung. Diese Katzen gehören zum täglichen Leben der Inselbewohner, sie sind einfach da, waren schon immer da, genau wie der Wind, die Sonne, das Meer, der Tag und die Nacht.

1982 war ich zum ersten Mal auf Mykonos und war sofort von dem besonderen Licht und der Architektur begeistert. Ich fotografierte auch einige Katzen, ohne mir allerdings bewusst zu werden, mit welchen Persönlichkeiten ich es zu tun hatte. Eine weitere Reise führte mich wenig später erneut auf die Kykladen, um dort die Taubenschläge zu fotografieren. Bei dieser Gelegenheit haben mich die Katzen fasziniert. Wir sind gute Freunde geworden. Danach habe ich sie über drei Jahre zu allen Tages- und Nachtzeiten beobachtet, durch alle Jahreszeiten und mit sehr viel Geduld. Immer mit dem Vorsatz, sie so wenig wie möglich in ihrem natürlichen Verhalten zu stören. Für die Griechen wurde ich schnell zum Narren, der den Katzen hinterher rennt. Ich habe sie über mich lächeln sehen, aber sie bewirteten mich mit größter Liebenswürdigkeit mit Kaffee und Kuchen und erzählten mir Geschichten über ihre Lieblingskatze während der langen Stunden, die ich auf gutes Licht und den richtigen Moment zum Fotografieren wartete.

Zu Hause, in der Provence, haben wir seit über dreißig Jahren Katzen. Sie sind Teil unseres täglichen Lebens. Die Katzen der Provence ähneln den griechischen sehr, sind aber doch anders. Sie sind stärker an den Menschen und an das Haus gebunden, sie sind noch individualistischer. Unser jetziger Kater heißt Greco. Als winziges verlassenes Kätzchen habe ich ihn am Hafen von Hydra aufgelesen. Sofort hat er mich als seinen Adoptivvater angenommen. Inzwischen ist er ein kräftiger Kater mit

sehr viel Persönlichkeit geworden, immer noch sehr lieb und anhänglich. Niemals zuvor hatten wir einen Kater, der so laut schnurrt wie Greco. (Die auf diesen Seiten gedruckten Pfotenspuren sind die seinen.)
Gleich welche Kykladeninsel man besucht – Mykonos, Milos, Santorin, Tinos, Syros, Amorgos, Folegandros, Sifnos, Paros oder Naxos – immer ist man überrascht von der reichen Katzenpopulation. Die Farbenpalette ihres Fells ist reichhaltig: schwarz, weiß, grau, rot oder getigert und selbstverständlich alle nur möglichen und unmöglichen Mischungen dieser Grundfarben.
Die Griechen sind sehr großzügig. Von ihrem Essen fällt so mancher gute Bissen für die Katzen ab. Die Fischer werfen ihnen unverkäufliche und im Netz verstümmelte Fische zu. Auch die Fischhändler haben immer ein Stück für sie übrig. Als Gegenleistung erwarten die Inselbewohner, keinen zu großen Ärger mit Ratten und Mäusen zu haben. Noch heute besteht diese uralte Dreierbeziehung Mensch-Katze-Nagetier. Je eingeschränkter der Lebensraum, desto wichtiger ist die Katze, sie muss die Ernte, die Lebensmittelvorräte und vor allem auch die Saat für das nächste Jahr schützen. Was Katzen im Kampf gegen Mäuse leisten, ist beeindruckend. Eine ganz normale Dorfkatze fängt leicht 300 Mäuse im Jahr. Solche Zahlen sind immer relativ, aber unsere Katze in der Provence hat diese Leistung erbracht. Bedenkt man, wie schnell sich Mäuse vermehren, so wird einem sofort bewusst, wie wichtig diese Tiere auf dem Land sind. Mit ausgewachsenen Ratten können Katzen Schwierigkeiten haben,

aber junge Ratten töten sie genauso wie Mäuse. Katzen sind viel bessere Jäger als Kater. Mit der Erfindung von chemischen Giften hat sich vieles verändert. Wir haben schnell vergessen, welche enormen Probleme unsere Vorfahren mit den Nagern hatten: Verlust der Saat und der Ernte, vor allem aber die Ausbreitung von Epidemien. In vielen Ländern sind die Nagetiere noch immer eine wahre Landplage, in Indien zum Beispiel rechnet man, dass 25 % der Ernte von Ratten und Mäusen gefressen wird.

Aber die größten Probleme hatten die Seefahrer. Die Matrosen sperrten daher immer Katzen in die dunklen Laderäume der Schiffe, um die Vorräte zu schützen. Die Tiere gehörten zur Ausrüstung eines Schiffes wie Anker, Segel oder Kompass. Die Schiffe konnten nur angemeldet und versichert werden, wenn sich eine Katze an Bord befand. Als die Segelschiffe aufbrachen, die Weltmeere erforscht und neue Kontinente entdeckt wurden, waren die Katzen selbstverständlich mit an Bord. Ohne sie, die den Hafer gegen die Nager verteidigten, wären die Pferde auf den Schiffen verreckt. Pizarro hätte ohne Pferde niemals seinen vernichtenden Kampf gegen die Inkas führen können. Katzen waren also auf ihre Art am Verlauf der Weltgeschichte beteiligt. André Malraux beschreibt sehr eindrucksvoll, wie die Franzosen 1415 die Schlacht von Azincourt gegen die Engländer verloren. Ratten hatten die Saiten der französischen Armbrüste, die aus Katzendärmen geflochten waren, in den Nächten vor der Schlacht zernagt, während die Waffen der Engländer von eingesperrten

Katzen bewacht wurden und so unbeschädigt blieben. Das Leben an Bord sagte den Katzen überhaupt nicht zu. Sie fühlten sich wie Gefangene, Reisen waren ihnen zuwider. Bei der ersten Gelegenheit, das Schiff zu verlassen, beim ersten Hafen, der in Sicht kam, sprangen, ja schwammen sie sogar an Land. So kam es, dass sie ganz gegen ihren Willen die Welt eroberten.

Die Bewohner der Kykladeninseln sind zwischen Europa und dem Orient angesiedelt. Diese Nachbarschaft schlägt sich auch im Umgang mit ihren Haustieren nieder: Sie verwöhnen sie zwar nicht, misshandeln sie aber auch nicht wie die Orientalen. Die Inselgriechen und die Inselkatzen sind sich sehr ähnlich, sie leben einfach und so glücklich wie nur möglich. Ein Fischer schrieb groß auf sein Boot: Don't worry – be happy! Die Katzen leben wirklich so, glücklich von einem Tag in den anderen.

Katzen bewahren sich ihre Unabhängigkeit. Nur zu einem geringen Teil ordnen sie sich den Menschen unter, das Maß an Unterwerfung bestimmen sie selbst.

In den industrialisierten Ländern werden Haustiere oft zu sehr verwöhnt. Sie werden verhätschelt und mit Liebe überhäuft, Katzen ganz besonders. Aus Hauskatzen wurden Wohnzimmerkatzen, sie mussten sich der Verstädtung der Menschen anpassen und sich mit immer kleineren Wohnungen zufrieden geben. Früher hatten sie wenigstens noch einen Garten, heute ist es oft nur noch ein Balkon. Viele können nicht einmal die Aussicht aus dem Fenster genießen. Man entfernt ihnen sogar oft durch eine Operation die Krallen, um die Möbel zu schonen!

Auf den griechischen Inseln ist das ganz anders. Die Katze lebt im Dorf oder in einem Stadtviertel, und dies ist ihr Zuhause. Die Kater markieren täglich mit ihrem Urin die strategisch wichtigen Punkte. In diesem Revier kennen sie alles ganz genau; jedes Haus, jeden Garten, jedes Dach, jeden Busch und Baum, jedes Versteck. Selbstverständlich kennen diese Katzen auch jeden Einwohner und seine Eigenheiten sowie die anderen Katzen und Tiere. Von weitem schon erkennen sie jeden Hund und wissen sofort, wie sie sich ihm gegenüber zu verhalten haben. Sie kennen auch ganz genau den Rhythmus des Dorflebens. Auf die Minute wissen sie, in welchem Haus sie etwas zu fressen bekommen oder wann die Fischerboote zurückkommen. Sie wissen auch sehr gut, wer sie gern mag, wer sie ignoriert und wer sie nicht leiden kann, und ihr Verhalten richtet sich danach. Sie besitzen eine ausgezeichnete Menschenkenntnis und schätzen jeden Mitbewohner richtig ein. Die geringste Veränderung ihrer Umwelt macht sie stutzig. Ein anderer Geruch, auch wenn er nur ganz schwach ist, macht sie sofort neugierig, ein fremdes Geräusch, und sie sind hellwach. Eine Ratte oder Maus hat es sehr schwer, unentdeckt in dieses Revier einzudringen. Riechen die Katzen einen Nager, sind sie plötzlich wie versteinert und warten bewegungslos und mit bemerkenswerter Geduld, bis das Tier sich zeigt. Blitzschnell springen sie das Nagetier an und packen es gleichzeitig mit Pfoten und Eckzähnen. Was mit der Maus passiert, bevor sie gefressen wird, beschreibt Jean-Louis Hue sehr eindrucksvoll: »Das Spiel wird ernst. Die Katze hilft ihrer Beute, gut zu spielen. Aufrecht stehend wie ein Känguru hält sie die Maus zwischen den Vorderpfoten. Dann heben beide vom Boden ab. Im Sprung dreht sich die Katze um sich selbst, wirft ihr Opfer so hoch wie möglich und entlässt es aus ihren Krallen. Dass die erschöpfte Maus mit eigenen Schwingen fliegen kann, ist der Traum der Katze. Schwer fällt die Maus auf den Boden zurück. Die Katze folgt ihr, leicht wie eine Feder, stolz auf ihr Sprungtalent. Sie simuliert einen kurzen Moment der Erschöpfung, macht sich zum Komplizen der Maus. Aber die Hast, das Spiel fortzusetzen, spornt sie an. Ein Partner, der so entgegenkommend ist, darf noch nicht sterben. Die Katze liebkost die Maus, streichelt sie mit ihrer Vorderpfote und ermuntert sie zum Weiterleben. Jede ihrer Liebkosungen ist eine Verletzung. Doch das weiß die Katze nicht. Je schwächer ihre Beute, desto starrköpfiger wird die Katze. Sie versucht, ihre eigene Stärke auf ihr Opfer zu übertragen. Der Tod, der dem Jäger Befriedigung verschafft, enttäuscht den Spieler.«

Katzen gehören zur Dorfgemeinschaft. Die Leute beschränken sich darauf, sie zu füttern. Wenn darüber hinaus jemand freundlich mit den Tieren redet, sind sie sehr glücklich und schnurren vor Wohlbehagen. Großes Vergnügen bereitet es ihnen, sich an den Beinen der Menschen zu reiben, aber nur wenige Katzen lassen sich streicheln. Auch zahme Katzen lehnen diese Berührung ab, wahrscheinlich vertragen sie die statische Elektrizität schlecht, die durch die Hand auf ihr Fell übertragen wird.

Die Griechen geben ihren Katzen nur selten einen Namen, sie nennen sie einfach »Gata« oder »Gatula« (Katze oder Kätzchen). In einigen Dörfern gibt es Katzenmütter, ja sogar Katzenväter, die sich um streunende Katzen kümmern, dies ist aber recht selten.
Werden an einem Ort die Katzen zu zahlreich, verschlechtert sich ihr Gesundheitszustand, und viele fallen der Katzenseuche zum Opfer. Es kommt vor, dass ein Restaurantbesitzer sich so über die vielen Katzen auf seiner Terrasse ärgert, dass er zum Gift greift. Manchmal gibt es in einem Viertel einen außergewöhnlichen Kater, der so stark, so schlau, so schön ist, dass die Leute ihn verwöhnen, ja sogar begrüßen, wenn sie ihm begegnen. Die anderen Kater haben größten Respekt vor ihm. Allein seine Anwesenheit genügt, um die Ruhe im Revier aufrechtzuerhalten. Da er sich nur ganz selten auf Raufereien einlassen muss, ist er immer in bester Form. Die rolligen Katzen wissen das. Sieht man dann im Frühjahr die neugeborenen Kätzchen, weiß man sofort, wer der Vater ist.

Selbstverständlich kennen sich alle Katzen des Reviers untereinander ganz genau, natürlich sind ihnen auch die Nachbarkatzen bekannt. Alles Fremde ruft Unbehagen hervor, ein fremder Kater wird mit Vehemenz verjagt. Erscheint ein unbekannter Hund, sträuben sich die Rückenhaare der Katzen. Aber da sie die Einheimischen sind, haben sie rechtzeitig sichere Position bezogen und warten ab, bis die Luft wieder rein ist. Alles zu sehen, ohne selbst gesehen zu werden, ist das Bestreben dieser Katzen. Nur wenn die Jungen bedroht sind, greifen die Mütter an. Schnell, geschickt und mit viel Mut verjagen sie die Eindringlinge, immer verbunden mit einem Überraschungseffekt, so dass selbst viel stärkere Gegner sofort aufgeben und die Flucht ergreifen.

Damit sich diese Katzen in ihrem Dorfquartier wohl fühlen, brauchen sie ein verlassenes Haus, einen alten Stall oder einen verwilderten Innenhof. Dort feiern sie dann unter sich ihre wilden Liebesfeste, und dort gebären die Weibchen auch oft ihre Jungen. Diese Gebäude sind während einiger Wochen im Jahr das Zentrum für alle Katzen des Reviers, eine Insel des Privatlebens, reserviert für diese Wohngemeinschaft.

Es kommt nicht selten vor, dass in einem Wurf verschiedene Kater die Väter sind. Deshalb sehen die Jungen oft so unterschiedlich aus.

Selbstverständlich gibt es unter diesen Katzen auch Spannungen, sehr ähnlich denen in zwischenmenschlichen Beziehungen. An erster Stelle steht die Eifersucht. Aber da sich diese Katzen alle kennen, lösen sie ihre Konflikte ohne gravierende Verletzungen. Nur eindringende fremde Kater werden in den Kämpfen verletzt. Ist ein Streit wirklich ernst, werden die Krallen zu schrecklichen Waffen, und es kommt vor, dass einer der Kater ein Auge verliert. In dieser Katzengemeinschaft gibt es aber auch echte Freundschaften.

In der Gemeinschaft leben zwei Sorten von Außenseitern etwas isoliert: Die einen sind Katzen mit Privilegien, sie gehören einer Person oder Familie und haben ein Zuhause. Selbst wenn sie nicht ins Haus gelassen werden, der Platz vor der Tür ist ihnen sicher. Sie werden regelmäßig gefüttert und bekommen zusätzlich zu fressen, wenn sie darum betteln. Manchmal sind diese Katzen lebendiges Spielzeug der Kinder. Sie sind leicht zu erkennen, denn sie sind nicht so mager und auch nicht so ängstlich wie die anderen Tiere. Sie besitzen die gleiche Freiheit wie alle anderen Katzen, aber es geht ihnen wesentlich besser. Die anderen Außenseiter dieser Katzengesellschaft leben ähnlich wie Clochards, sie wollen sich nicht in die Enge eines Reviers einordnen, sie ziehen mehr oder weniger planlos umher. Das sind die Katzen, die immer die Ersten an den Abfalleimern sind, die man auf den Terrassen der Restaurants und am Hafen sieht. Diesen Tieren geht es nicht gut, sie werden von allen starken Katern des Viertels verdroschen. Ihr Fressen ist minderwertig. Manchmal haben sie zu viel, aber meistens zu wenig zu fressen. Es sind Tiere, die oft krank sind und sehr selten alt werden.

Es sieht so aus, als erfolge bereits in jungen Jahren die Einstufung in dieses System. Die eine oder andere junge Katze findet eine Familie und lässt sich adoptieren, die meisten gliedern sich in die Katzengesellschaft des Viertels ein, in dem sie geboren wurden, manche bleiben allein und werden zu Außenseiter-Katzen. Da Katzen ausgeprägte Individuen sind und kein

Gemeinschaftsgefüge akzeptieren, ist es äußerst schwierig, ihr Sozialverhalten zu studieren. Katzen werden nie ein Rudel bilden, da sie Einzelgänger sind. Die Hauskatze braucht unbedingt den Menschen, ohne ihn fühlt sie sich verloren. Je weiter sie sich von ihm entfernt, desto schwieriger wird ihr Leben. Sie braucht nicht nur Futter, sie braucht vor allem menschliche Zuneigung. Sie muss schnurren können, und am liebsten schnurrt sie in der Nähe von Menschen. Auf manchen Inseln habe ich eine Harmonie zwischen Menschen und Katzen beobachtet, die für beide Teile wirkliches Glück bedeutet. Katzen zeigen sehr gut, wie sie ihr Glück genießen können.

Katzen schlafen wesentlich mehr als Menschen, aber sie haben einen anderen Rhythmus. Der Schlaf der Katzen ist eher eine Serie von Siestas und nicht unserem nächtlichen Langschlaf vergleichbar. Dieser Wechsel von Aktivität und Erholung verteilt sich über Tag und Nacht. Nur wenn es sehr heiß ist, schlafen fast alle Katzen während der Mittagsstunden. Die Siesta ist ein Zustand zwischen Traum und Schlaf, der wie für die Katzen geschaffen scheint. Kein anderes Tier genießt die Siesta so wie sie. Katzen können ohne diese Form der Entspannung und Erholung nicht leben. In der Nacht sind sie praktisch genauso geschickt wie am Tag; ihre Augen passen sich der Dunkelheit bestens an, und den Rest machen ihr Gedächtnis und ihre Sensibilität.

Je rechteckiger, gerader, platter, ordentlicher, disziplinierter, phantasieloser die Architektur ist, desto weniger fühlen sich

Katzen darin wohl. Sie liebe freie Formen, unterschiedliche Höhen, krumme Ecken, schiefe Ebenen, verschiedene Baumaterialien. Kurz gesagt: Die Bauweise der weißen Kykladendörfer ist für sie genau das Richtige. Sie leben dort auf zwei Ebenen, den flachen Dächern und dem Boden. Die Balkone verwenden sie als Sprungbretter, um die Gassen im Fluge zu überqueren. Wenn sie wollen, sehen und hören sie alles, ohne selbst gesehen zu werden. Hunde können mit dieser Architektur wenig anfangen, und nirgends sonst sind ihnen die Katzen so überlegen. Aber eine Architektur, die Katzen wirklich schätzen, muss noch etwas mehr zu bieten haben: nämlich die Aussicht. Es gehört mit zu den größten Genüssen aller Katzen, liegend ins Weite zu sehen und alles, was sich bewegt, genau mit den Augen verfolgen zu können. Wenn die Architekten die Wünsche der Katzen respektierten, würden wir in wohnlicheren Häusern leben. Architektur und Städtebau sind die Grundsteine für Lebensqualität, und wir haben zu lange vieles falsch gemacht. Haustiere sind noch größere Opfer dieser schlechten Architektur als wir. Auf den Kykladeninseln sind die Altstädte für den Autoverkehr nicht geeignet. Die engen Gassen sind für Fußgänger und Esel gebaut. Ein Dasein ohne Autos steigert das Wohlbefinden der Katzen.

Die Herkunft dieser Tiere ist ungewiss. Sicher ist nur, dass sie vor langer Zeit mit den Schiffen kamen und dass unsere Hauskatzen aus Ägypten stammen. Dort waren sie jahrtausendelang heilig erklärt. Tote Katzen wurden mumifiziert bestattet.

Wer einer Katze etwas antat, musste damit rechnen, zum Tode verurteilt zu werden. Vermutlich züchteten die Ägypter die Hauskatze aus der abessinischen Wildkatze, denn ihr europäisches Pendant ist nicht die Stammmutter unserer Hauskatze.
Ohne diese Katzen wären die Dörfer der Ägäis nicht das, was sie sind, es würde ihnen an Leben fehlen. Die Silhouetten der Katzen, gegen die weißen Häuser gezeichnet, gehören in diese Welt wie das Blau der Fenster und Türen.

Mein Wunsch war es, die Lebensqualität dieser Tiere zu zeigen, und dabei habe ich immer wieder festgestellt, dass Mensch und Katze sehr viel gemeinsam haben, vor allem, wenn sie glücklich sind. In Harmonie mit ihrer Umwelt die angenehmen Seiten des Lebens zu genießen scheint ihr Lebenszweck zu sein.

Hans Silvester

ΟΔΟΣ
ΑΓ. ΚΩΝΣΤΑΝΤΙΝΟΥ

193

LGOR

64